Christian Lacroix

Christian Lacroix

Christian Lacroix

Christian Lacroix

Christian Lacroix

Christian Lacroix

Christian Lacroix

Christian Lacroix

Christian Lacroix

Christian Lacroix

Christian Lacroix

Christian Lacroix

Christian Lacroix

Christian Lacroix

Christian Lacroix

Christian Lacroix

Christian Lacroix

Christian Lacroix

Christian Lacroix

Christian Lacroix

Christian Lacroix

Christian Lacroix

Christian Lacroix

Christian Lacroix

Christian Lacroix

Christian Lacroix

Christian Lacroix

Christian Lacroix

Christian Lacroix

Christian Lacroix

Christian Lacroix

Christian Lacroix

Christian Lacroix

Illustrations originales Christian Lacroix.